腊八节

◎ 主编　金开诚

◎ 编著　孙浩宇
　　　　闫琳琳

吉林出版集团
吉林文史出版社

图书在版编目（CIP）数据

腊八节 / 金开诚著. —— 长春：吉林文史出版社,2011.11（2023.4重印）
（中国文化知识读本）
ISBN 978-7-5472-0940-0

Ⅰ. ①腊… Ⅱ. ①金… Ⅲ. ①节日-风俗习惯-中国
Ⅳ. ①K892.1

中国版本图书馆CIP数据核字(2011)第226290号

腊八节

LABAJIE

主编/金开诚　编著/孙浩宇　闫琳琳
项目负责/崔博华　责任编辑/崔博华　高原媛
责任校对/高原媛　装帧设计/李岩冰　李宝印
出版发行/吉林出版集团有限责任公司　吉林文史出版社
地址/长春市福祉大路5788号　邮编/130000
印刷/天津市天玺印务有限公司
版次/2011年11月第1版　印次/2023年4月第3次印刷
开本/660mm×915mm　1/16
印张/9　字数/30千
书号/ISBN 978-7-5472-0940-0
定价/34.80元

前　言

　　文化是一种社会现象，是人类物质文明和精神文明有机融合的产物；同时又是一种历史现象，是社会的历史沉积。当今世界，随着经济全球化进程的加快，人们也越来越重视本民族的文化。我们只有加强对本民族文化的继承和创新，才能更好地弘扬民族精神，增强民族凝聚力。历史经验告诉我们，任何一个民族要想屹立于世界民族之林，必须具有自尊、自信、自强的民族意识。文化是维系一个民族生存和发展的强大动力。一个民族的存在依赖文化，文化的解体就是一个民族的消亡。

　　随着我国综合国力的日益强大，广大民众对重塑民族自尊心和自豪感的愿望日益迫切。作为民族大家庭中的一员，将源远流长、博大精深的中国文化继承并传播给广大群众，特别是青年一代，是我们出版人义不容辞的责任。

　　本套丛书是由吉林文史出版社和吉林出版集团有限责任公司组织国内知名专家学者编写的一套旨在传播中华五千年优秀传统文化，提高全民文化修养的大型知识读本。该书在深入挖掘和整理中华优秀传统文化成果的同时，结合社会发展，注入了时代精神。书中优美生动的文字、简明通俗的语言、图文并茂的形式，把中国文化中的物态文化、制度文化、行为文化、精神文化等知识要点全面展示给读者。点点滴滴的文化知识仿佛颗颗繁星，组成了灿烂辉煌的中国文化的天穹。

　　希望本书能为弘扬中华五千年优秀传统文化、增强各民族团结、构建社会主义和谐社会尽一份绵薄之力，也坚信我们的中华民族一定能够早日实现伟大复兴！

目录

一、迎春先有好风光，
意味深长腊八节

　　节令文化是我国传统文化重要的组成部分，极具浓郁的中华民族特色。节令作为祖先留给我们最宝贵的民族文化基因，至今依然鲜活地伴随着我们。春节、元宵、清明、端午、中秋、重阳、腊八……每一个传统节日都有其独特的习俗和意蕴。不管时空怎样转变，在全世界中华儿女的心中，传统节令就是让个体生命丰厚，让民族集体无意识升华的一个载体和结点。这里我们来谈谈"腊八"。

"腊八"在春节之前。春为岁首，一元复始，万象更新，人们常常会因为春节的特殊隆重而忽略"腊八"，其实"腊八"恰是春节的序幕，是人们辞旧迎新的开始。"腊八"历史悠久，相传起于秦朝，最初没有固定的日期，直至南北朝时才将"腊八"定在每年的农历十二月初八。这一天有很多富有民族特色的风俗，如熬腊八粥、做腊八面、泡腊八蒜等。在节令文化里，腊八节承载着亲情友情的感动和对美好生活的向往。下面就让我们一起走进这丰富多彩的腊八节。

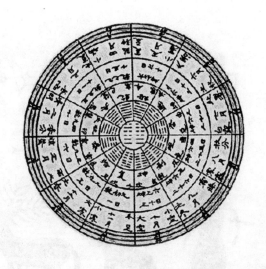

（一）腊八节的由来及演变

腊八节，顾名思义，在农历腊月初八。我国民间通常把农历十二月称为腊月，因此，许多与腊月有关的习俗或节日，往往也被冠之以"腊"字。但由于秦汉以前，各朝各代所使用的历法不同，因此腊月所处的具体时间并不一致，一直到秦汉统一历法后，才确定了腊月的具体日期，即农历十二月的第八天，这个规定一直沿用至今。

为何将处在冬末春初、新旧交替之际的岁终之月称为"腊"？说法很多，比较有代表性的有三种：

其一，腊，从肉，鼠声。《礼传》称："腊者，猎也，言田猎取禽兽，以祭祀其祖也。"古代人们趁年终农闲外出打猎，一来多储备食物，以弥补粮食的不足；二来将猎来的野兽祭祖敬神，祈福求寿、避灾迎祥。

东汉蔡邕在《独断》中写道："腊者，岁终大祭。"所以"腊"的本义是年终祭祀之名，这腊的打猎之意是相辅相成的。《说文》讲："冬至后三戌，腊祭百神。"《礼记·月令》说："腊先祖五祀。"《左传·僖公五年》说："虞不腊矣。"这都是与祭祀相关的记载，腊祭在我国古代是最隆重的一种祭祀。这其实也与我们的农耕文明关系密切。上古时候，人们便习惯趁清闲的冬藏之季休养生息、祭祀祈福。商代，人们每年会用猎获的禽兽举行春、夏、秋、冬四次大祀，祭祀祖先和天地神灵。其中冬祀的规模最大，也最隆重。《风俗通·祀典》说："礼传曰：'夏曰嘉平，殷曰清祀，周曰大蜡，汉改曰腊。'"这便形成了我国古代的腊祭文化。于是留下了蜡腊（通常将祭祀祖先称为"腊"，把祭祀百神叫做"蜡"）、腊坛、腊宾（腊祭的助祭人）、腊祠、腊宫等词语。

其二，古代将干燥的物体称为"腊"。郑玄《诗经注》说："腊，小物全干。"古代农业社会，人们将一年中收成的部分蔬果谷物储备起来，等这些蔬果粮食放置到年终十二月之时，基本上都变得十分干燥，因此，年终十二月祭献神灵用的贡品当然全都是干物。另外，干物在天子那里有专门的官员掌管，叫"腊人"。《周礼·天官·腊人》云："腊人掌干物。"如今，在我国广大地区年终都还保留着制作各种风味的腊肉、腊肠的习惯，也都是熏干以便于保存，为了过年之用。

其三，《隋书·礼仪志》曰："腊者，接也。" 是说"腊"寓有"新旧交替"的含义。按照我国传统历法，每年的农历十二月乃是一年的终结，同时亦预示着新一年即将拉开序幕。因此便有了"腊者，逐疫迎春"的说法，可见腊八有驱除疾病、爽身迎新之意。民间还有这样一些童谣："小孩儿小孩儿你别馋，过了腊八就过年。""腊八粥喝几天，哩哩啦啦二十三，送完灶王就到年。"老北京将腊八粥称作"送信儿的腊八粥"，意思就是说，每逢到了腊八，就意味着春节快到

了。

不管怎样，上面这些意思都与年终十二月有关，于是人们逐渐将岁终之月称作"腊月"。而农历十二月初八也自然成了"腊八"。到了腊八，春节日近，人们也拉开了过年的序幕。于是从腊八起，家家户户便开始忙于杀年猪、打豆腐、腌腊肉、采年货，年味儿日益浓厚。

由此看来，腊八节是由古代腊祭逐

步演化而来。在华夏漫长的农耕文明史
中，自古奉行着"民以食为天"传统的中
华民族，很多的风俗习惯也都与此有着
密切的联系。于是，五谷丰登之际，人们
便认为这是天地诸神以及祖先佑护的结
果。"天、地、君、亲、师"，儒家的传统
中，这天地神灵是放在第一位的，人们在
丰收的节日里举行盛大的仪式，来祭祀
掌管风、雨、田、农、门、户、宅、灶、井等
的天地诸神以及自己的祖先，这是感恩，
也是祈求来年的风调雨顺、五谷丰登，而

祭祀结束后，人们还要进行乡宴活动，用刚丰收的五谷杂粮制作成粥（逐渐演变成腊八粥），召集四方亲友聚餐，犒劳自己，共享果实，庆贺丰收，欢度佳节。今天看这样的活动蕴藏着朴质真诚的情感和道德伦理，当然从天人合一的角度看，其中也富有玄妙有趣的科学性。

除了祭祖敬神、欢庆丰收之外，腊祭这天还有许多其他活动。汉朝时曾规定腊日这天要以猪羊祠社稷，并允许吏民宴饮。晋代在腊日饮祭后，老人儿童还要做藏钩的游戏。《荆楚岁时记》载："岁前，又为藏钩之戏……"这游戏据说是在汉武帝时创制的。汉武帝有个钩弋夫人，据说生下来就两手攥拳，从不伸开。遇见汉武帝时才伸展双手，手中有一钩。武帝娶她回宫，号"钩弋夫人"。《三秦记》载，当时女人仿效钩弋夫人，攥紧双拳，是为"藏钩"。《风土记》更是细致地讲述了"藏钩"的玩法："藏钩之戏，分为二

曹，以较胜负。"游戏中人分两组，如果人为偶数，平分对峙，如果是奇数，就让多余的一个作为自由人，称为"飞鸟"。游戏时，一组人暗暗将一小钩（玉钩、银钩等）或其他小物件攥在其中一人的手中，由对方猜，中者为胜。

魏晋南北朝时的腊日，人们要击鼓、戴假面扮傩以逐疫，这是当时治病驱疫的医疗手段之一。《荆楚岁时记》中记载："十二月八日为腊日，谚言：'腊鼓鸣，春

草生。'村人并击细腰鼓，戴胡头，乃作金刚力士以逐疫，沐浴，转除罪障。"以金刚力士之威势来驱逐邪神，佑护来年五谷丰登和平安吉祥。这种巫术活动的腊日击鼓驱疫之俗，在今天的湖南新化等地区仍有留存。

到了唐以后，腊祭又有了一项"赐腊"的仪式，即腊日这天，帝王要召群臣赐食口脂、腊脂，谓之"赐腊"。而在宋熙宁以后，宫廷之内亦有腊日赐君臣口脂、面药之礼。范成大有《谢赐腊药感遇之什》诗："鸿宝刀圭下九关，十年长奉玺封看。扶持蒲柳身犹健，收拾桑榆岁又寒。天地恩深双鬓雪，山川途远一心丹。疲盹疾苦今何似? 拜手归来愧伐檀。"一个封建时代忠直之臣的拳拳之心由此可见。当然"日暮汉宫传蜡烛，轻烟散入五侯家"，皇帝"赐腊"的恩典是不会照耀普通百姓之家的，于是"腊日"又有一个别称"王侯腊"。

下面再说腊祭日期的变迁。腊八节由腊祭之俗发展而来，但腊祭起初并不一定在腊月初八这天举行。从商代开始，我国各地便有了年终祭祀的风俗，但直至秦朝，才将农历的十二月作为岁终的"腊月"固定下来，并将腊祭之日定为法定节日——腊日。《史记·秦本纪》中记载"惠文君十二月初腊"，这一天要举行盛大的庆典来祭祀上苍神灵，腊祭于是成为定例，只是日期还不固定，有时月初，有时月

末。我们说《古今事物考》中提到"冬至后三戌为腊"，《说文》也说"冬至后三戌日腊祭百神"，冬至后三戌正好是腊月初八，可见直到汉代，"腊日"即"腊八"才得以明确。到了南北朝，人们在"腊八"不仅祭祀天地神灵，还要供奉祖先，祈求丰收和吉祥，据说当时腊祭所祀之神有八种，这也是所以称为"腊八"的又一层内涵。而腊祭也终于定在"腊八"并流传下来，成为今天的腊八节。

在佛教里，腊八节又谓之"成道节"、"成道会"。据说佛教创始人释迦牟尼成佛之前，曾静坐深山，绝欲苦修六载，因此形销骨立、体虚神衰。某日他到尼连禅河沐浴后，饿昏倒地，恰遇一牧羊女施粥相救，释迦牟尼恢复体力后，继续盘腿坐于菩提树下苦思静修，终在十二月初八日觉悟正法、得道成佛。佛家于是将此日定为"佛成道日"，并在这一天举行盛大的法会纪念活动。这个说法可以看出在人类文明的进程中，不同信仰和文化的交流和融合。

（二）腊八文化

　　经过数千年的流传和积淀，腊八节与其他传统节日一样具有丰富的民族文化内涵。新文化运动至今，我们对传统文化的认识几经改变和调整。随着经济的发展和生活的改善，人们愈发认识到传统文化的宝贵，"取其精华，去其糟粕"，汲取祖先文化遗产中的优秀成分，建设社会主义特色的新文明，已是一个责无旁贷的课题。我们熟悉而陌生的"腊八"也正是这样一个载体。

　　腊八文化蕴含着民族主义和爱国主义，过腊八节，了解、享受传统的民俗文化，不仅可以丰富我们的文化生活，还可以增强民族自信心和自豪感，增强凝聚力，提高爱国热情。腊八节中需要敬天祭祖，反映了中国文化中敬天保民的传统理念，敬天的实质就是对大自然的敬畏，对大自然法则的遵循，体现了天人合一的哲学观点，这和我们今天倡导的和谐是相通的，这种追求和谐与和平的理念正成为世界和时代的潮流。回首环境的过度开发、污染等教训，说明我们的优秀文化不能丢弃。保民与现在的重视民生工程其实也有着实质的相通。只有尊重和学习传统文化中的有益成分，我们的民族文化的作用才能得到弘扬，民族复兴的伟大目标才能实现。

同时，"腊八"等传统节令中，还有勤俭节约、助人为乐等中华民族的传统美德包蕴其中，通过对节日的回味也可以增强对传统文化的学习。"只有民族的，才是世界的"，腊八等节令文化是我们鲜活的传统文化瑰宝，是我们走向强盛的文化根基。

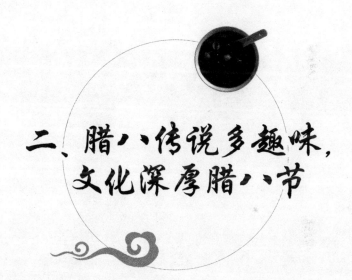

二、腊八传说多趣味，
文化深厚腊八节

关于"腊八"的故事传说大致有四类：祭祀类、神道类、传说类、教育类。

（一）祭祀类

祭祀类的传说，主要有"神农始作""祭祀八神""祭祀祖先"三种说法。

(1)神农始作

民以食为天，中华民族能够长久屹

立于人类文明之林，离不开我国灿烂的农耕文明，正是曾经先进发达的农业造就了中华民族的繁荣和悠久历史！"腊八"之源可追溯至炎帝神农氏，炎帝发明了农具，亲尝百草、树艺五谷，为我国农业的发展奠定了基础，中华民族于是得以血脉相传、源远流长。《易经·系辞》说："神农氏作，斫木为耜，揉木为耒，教民树艺五谷。"耒是犁柄，耜是犁铲，翻田耕种，收成五谷。赵岐注说："五谷者，谓稻、黍、稷、麦、菽也。"五谷收成后，炎帝神农氏于年终举行祭祀活动以告上苍，现在还流传下来这样带有巫术色彩的祝辞："土反其宅，水归其壑，昆虫毋作，草木归其泽。"

《礼记》上说："伊耆氏始为蜡。蜡也者，索也。岁十二月，合聚万物而索飨之。蜡之祭也，主先啬而祭司啬，祭百神以报啬也。飨农，以及邮表畷、禽兽等，仁之至，义之尽也。"文中的伊耆氏也即神农氏。先啬，始教民以稼穑者。司啬，主管农业者。仁，不忘恩而报答之。义，有功劳必报答之。由此可见，神农氏不仅开创了我国古代以农业立国的根本，而

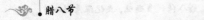
且最早进行"蜡祭"以告上苍,拉开了我国古代年终蜡祭风俗的序幕。由于"蜡"与"腊"同音,随着时间的流逝、历史的变迁,人们便逐渐将"蜡祭"称作"腊祭"了,而腊祭正是腊八节的前身。

(2)祭祀八神

在古代农业社会,每当农业生产获得丰收,人们便认为这是天地诸神及祖先护佑的结果,于是便要在年终举行盛

大的祭典，以感恩告慰神灵祖先，并祈求来年风调雨顺、五谷丰登。据说腊祭所祀之神正好是八位，因此腊八之说便逐渐流传开来并成为一个传统的民间节日——腊八节。

关于腊八所祀八神，我国流传着两种说法。

一是指掌管农事的八位神灵，即先啬神、司啬神、农神、表辍神、水庸神、猫虎神、坊神和昆虫神。《礼记·郊特牲》说："八蜡以祀四方。"郑玄注说："蜡有八者：先啬，一也；司啬，二也；农，三也；

邮表辍，四也；猫、虎，五也；坊，六也；水庸，七也；昆虫，八也。"由于祭祀八神包含有八个方面的内容，因此祭祀八神又被称作"八蜡"或"蜡八"，而蜡八常常是由一国之主的君王带领臣民举行，因此其又被称作"天子大蜡八"。

二是指掌管岁收丰俭的八谷星君，这在《晋书·天文志》一书中有记载："五车五星，其西八星曰八谷，主候岁八谷丰俭。"所谓八谷星，《本草·注》曾解释

说，八谷是指"黍、稷、稻、粱、禾、麻、
菽、麦"。《大象赋·注》则表示，八谷是
"稻、黍、稷、大麦、小麦、大豆、小豆、
粟、麻"。而《宋史·天文志》认为："八谷
八星，在华盖西，五车北。武密曰：主候岁
八谷丰俭。一稻，二黍，三大麦，四小麦，
五大豆，六小豆，七粟，八麻。"虽然古人
对于八谷的定义略有出入，但祭祀八神的
传说一直影响着后人，因此民间便留下了
"腊八"的说法。

（3）祭祀祖先

《玉烛宝典》云："腊者，猎也，猎取禽兽以祭先祖，重本始也。"意思是说古人常在岁终时外出打猎，将获取的野物拿来供奉先祖。这表达了我国古代先民"慎终追远"的文化传统，人们不忘祖先勤俭之美德，更想通过腊祭祈求先祖护佑家人平安，并期盼先祖带来丰衣足食的好年景，因此每到年终之时，都会举办大型的"祭祖"活动，通过对祖先的祭奠来表达感恩之情，以及对美好生活的向往与渴望。当时，祭祀祖先称为"腊"，祭祀神灵称为"蜡"，因为是一同供奉，所以人们统称"蜡腊"、"腊祭"，这就是后人所说的"腊八"。

（二）神道类

（1）佛祖修行

如前文所说，腊八节又叫做佛成道
节。传说在古印度北部，即今天的尼泊
尔南部，当时的迦毗罗卫国有个净饭王，
他有个儿子叫乔答摩·悉达多，也就是后
来的释迦牟尼佛。其出生的年代正值我
国春秋战国时期，约与孔子同一时代。一

天，太子出宫游玩，见到众生受生老病死等痛苦折磨，顿觉人世无常，想到人纵然长命百岁，荣华富贵也如同过眼烟云，转瞬即逝。即使自己身为太子，也不可能不变老、不生病，最后大限一到，那些臣民、妻儿以及所有的珍宝都不可能带走，正所谓生不带来，死不带去，所有的这一切都是抓不住的，更谈不上永恒。为此他认为这个世间苦海无边，期望探寻到一个不生不灭的新境界。再加上他又不满当时婆罗门的神权统治，于是，乔答摩·悉达多在29岁那年，舍弃了王族的奢华生活，出家修道。

出家后他曾在雪山苦行修习六年，每天只吃一麻一麦，甚至七日食一麻米，以至"身形消瘦，有若枯木"，终于在某日到尼连禅河沐浴后，饿昏倒地。醒后他找来杂粮，掺着野果，用清泉煮粥，填饱了肚子。此时恢复体力的他，继续在菩提树下苦思静修，并终于在公元前525年，我

国农历十二月初八这天觉悟正法，得道成
佛，并创立了佛教。佛教徒为了纪念释迦
牟尼成佛，铭记他所受的苦难，便于每年
腊月初八以各种形式予以纪念，《百丈清
规》卷二中就有记载："腊月八日，恭遇本
师释迦如来大和尚成道之辰，率比丘众，
严备香花灯烛茶果珍馐，以申供养。"其
中熬粥供佛成为常仪。后来这种风俗传
到民间，得到虔诚民众的认同，"佛成道
节"就逐渐演变为了"腊八节"。

（2）牧羊女救佛

关于腊八节的佛教传说还有一种说法。据传释迦牟尼佛本是迦毗罗卫国的王子，为寻求人生真谛与生死解脱，毅然舍弃王位出家修行。一天，他来到北印度的摩揭陀国，此地人烟稀少，一片荒凉。他又累又饿，酷热难熬，昏倒在地。幸好一位牧羊女从此地路过，用自己所带的杂粮加上野果，煮成乳糜样的稠粥喂他，才使他恢复了体力。

获救后，释迦牟尼便找到一棵菩提树，在树荫下结草打坐，并发誓愿："今若不证无上菩提道，宁可碎此身而终不起于座！"经过六天六夜的思考，释迦牟尼陆续证得了宿命通、天眼通、他心通等六种神通，而且逐渐领会到人生痛苦的原因以及灭除痛苦的方法等真谛，并得到对宇宙人生真实的感悟。但这也惹得魔王波旬极大地不安，先后用魔军威吓，派三个妖艳的女儿前去用诱惑等手段去阻挠释迦牟尼成佛，但均不奏效。最终，释迦牟尼在第七天早晨，也就是腊月初八这天，看到初升的太阳时，终于大彻大悟，就此觉醒为圆满的佛陀。

这是"佛成道日"来历的另一种说法。为此每逢腊八各地佛寺都要举行浴佛会，效仿释迦牟尼成道前，牧女献乳糜的传说故事，用香谷、果实等煮粥供佛，并将此粥赠送给门徒及善男信女们享用。陆游诗曰："今朝佛粥更相馈，反觉

江村节物新。"传说吃了"佛粥",可得到佛祖的保佑。

（3）积粮积德的布袋和尚

从前苏州有一个西园寺，和尚有五六百人之多。有一天，身背布袋名叫阿二的和尚来到西园寺，当了一名"火头僧"。他不仅每天挑水、烧火、做饭，而且还有一个好习惯，就是一边烧火，一边注意稻秆、秫秸上是否还有没打净的粮食，见到了就采摘下来用手搓去皮放入布袋。时间一长，五花八门的粮食也聚了足有三百多斤。有一年的腊月初八，寺里的道场十分红火，老和尚、管钱粮的和尚都去大殿唱经了，忘了开仓取粮。没有粮食就不能按时开饭，又不能擅闯经堂找管钱粮的和尚。这时他想到了布袋，高兴得叫了起来——有办法了，随即用多年来积攒的粮食煮一锅粥。午餐时和尚们纷纷进入斋堂，见饭盒里盛的既不像粥，也不像饭，更不是菜，心里很不高兴。但和尚们一尝这粥却觉得美味无比，禁不住人人抢着吃。寺里的老当家很奇怪，询问"火头僧"，他照实一说，老当家动情地双手合十地说："阿弥陀佛! 善哉! 善哉! 爱惜粮食功德无量!"以后每年腊月初八寺院里的和尚们都吃这样的粥，以称赞煮饭和尚的节约精神。后来，这种做法传到民间，就成了吃"腊八粥"的风俗了。

（4）扮傩打鬼

关于腊八节，民间还有一个传说，跟

上古五帝之一的颛顼氏有关。颛顼是皇帝的曾孙，因为聪明能干而得到了皇帝的神座。他有三个儿子，但一生下就都死掉了，一个去了"江水"，变做"疟鬼"，专门传播疟病，害人发冷发热；一个去了"若水"，化做"魍魉"，专门仿效人的声音，扰人心魄；还有一个变成"小鬼"，常常躲在人们屋内的角落，不但让人生疮、害病，还不时吓唬小孩子。这三种虽不算"恶鬼"，却都是"害鬼"，都被列入方相氏驱逐鬼疫的黑名单。

方相氏是个由人装扮的威武鬼王，头套一个大面具，四只用金箔做成的眼睛，熠熠生光，背披熊皮、黑衣、红裤，右手执戈，左手握盾。每年十二月初八这一天，他便要带领十二名十岁以上、十二岁以下的儿童，扮成十二只稀奇古怪的怪兽，震天慑地地唱歌吓唬鬼魅虫蛊，把制造疾病灾害的鬼魅，驱赶到偏远的地方。这个腊八驱鬼避疫的仪式叫作"傩"，乡

民们在扮傩的同时还要敲击腊鼓，以象征驱逐瘟疫，保泰平迎新春。

扮傩击鼓逐疫的仪式由来已久，论语中就有"乡人傩"的记载。《吕氏春秋·季冬记》："命有司大傩。"高诱注为："今人腊岁前一日，击鼓驱疫，谓之逐除是也。关于鸣腊鼓的风俗，《荆楚岁时记》中有记载："十二月八日为腊日。谚语'腊鼓鸣，春草生'，村人并击细腰鼓，戴胡头，以逐疫。"其中"胡头"即假面具，戴上可以恐吓疫鬼。现在湖南地区还有傩这种巫术形式的留存。

另外，当时的人们还认为，引起疫情的鬼怪们虽然天不怕地不怕，但唯独畏惧赤豆。故腊八这天，人们便会用红豆、赤豆熬粥，以此祛疫迎祥，这就是所谓的"赤豆打鬼"。

（三）传说类

（1）悼念长城劳役

秦朝修长城时，工匠常年辛苦劳作，却连朝廷的一米一饭都得不到，吃用全靠家里人运送而来。有些人因为家庭过于遥远或贫穷，口粮无法及时地送到，只好挨饿受冻。有一年的腊月初八，许多工匠都断了粮，于是大家翻箱倒柜、搜寻粮袋，将四处寻得的豆、米等各种粮食汇聚到一起，终于勉强熬制成了一锅杂粮粥，虽然暂时填饱了肚子，但最后还是有不少

人在寒风中饿死了。为了纪念他们，同时也为提醒后来的统治者莫再劳民伤财、苛政暴役，人们便形成了在腊八这天吃腊八粥的风俗，这是纪念、警示，也是一种忆苦思甜。

（2）纪念民族英雄岳飞

《武林旧事》中说："十二月八日，即寺院与人家用胡桃、松子、乳蕈、柿、栗之类作粥，谓之'腊八粥'。亦叫'五味粥'或'八宝粥'。"传说，岳飞遭奸臣秦桧诬陷，不但被朝廷克扣军粮，还被连续十二道金牌召回京城。岳飞班师回朝，行至半途时给养不足，沿途百姓闻讯后，纷纷送上粥饭，岳家军混合而食，勉强渡过难关，而这天正好是腊月初八。岳飞被害后，每年腊月八日，百姓都会煮腊八粥，以表达对岳飞和岳家军的怀念之情。

（3）朱元璋忆苦思甜

明朝开国皇帝朱元璋小时候家里极其贫穷，父母只好送他到一户非常刻薄

和凶狠的地主家去放牛糊口，以减轻家里的负担。有一天，朱元璋牵着老牛过桥时，牛儿一脚踏空，跌下桥去并摔断了腿。地主于是暴跳如雷，不仅暴打了他一顿，还将他关进了一间黑屋里。这一关就是三天三夜，朱元璋粒米未沾，滴水未进，直饿得眼冒金花。正当他绝望之际，一只老鼠从他前面窜过，钻到一个洞里。他于是顺着鼠洞挖下去，竟然找到了黍米菽麦麻豆等食物，朱元璋于是搬出角落里的破铁锅，把这些东西凑在一起，和着屋里的积水烧成了一锅杂七杂八的粥，狼吞虎咽地将粥一口气吃了下去，才算保住了性命。

后来，朱元璋怀着对地主的深仇大恨，加入了农民起义军。凭着敢打敢拼，作战勇猛，朱元璋最后推翻了元朝统治，自己当上了皇帝，建立了明朝。忽然有一天，朱元璋想起了小时候掏鼠洞煮粥喝的往事，觉得自己不应该忘记过去的苦日子，这样才能励精图治，国泰民安。于是他命令宫廷御厨用各种粮食熬成一锅粥，赐予文武百官和妻子儿女们一同品尝，告诫他们荣华富贵之时不能忘掉创业的艰辛。皇帝这一忆苦思甜的行动后来传入民间，上行下效遂成腊八的习俗。

（四）教育类

（1）幡然醒悟有宝娃

西晋时有个叫宝娃的人，妻子叫腊花。宝娃十分懒惰，游手好闲，坐吃山空，不久便把父母留下的家产糟蹋殆尽。妻子腊花屡加劝诫，宝娃都置之不理，依旧我行我素。眼看到了这年的十二月初

八，家家户户都开始备办年货，而宝娃囊中空空，可怜到家里连点口粮都没有了。面对这样的窘困，美丽的腊花不禁满面泪水，宝娃见此也不禁羞愧内疚起来。还是热心的乡邻帮助宝娃渡过了难关。

他们东一碗米,西一碗豆,给宝娃家送来了各种粮豆。腊花将大家送来的粮豆合到一起,熬了一锅粥,算解决了眼前的困难。从此以后,宝娃苦思悔过,狠下心痛改前非,不但勤奋劳动,而且生活节俭,很快便富裕了起来。妻子腊花每逢腊八就熬杂粮粥,为的是让宝娃记住前车之鉴,永不再犯。后人为了教育子女,便形成了吃腊八粥的风俗,以砥砺勤俭奋斗的美德。

（2）张家败家子

这个故事比宝娃的故事更凄惨、深刻：传说有个张姓富翁老年得子，因此对儿子过分地溺爱，张家少爷从小染上了好吃懒做的恶习。父母过世后，张少爷无人看管束缚，更是肆无忌惮地挥霍浪费，转眼就成了一个穷光蛋。加上他又无一技之长，不能自给。到了腊八这天，北风呼啸，穷少爷饥寒交迫，遍搜家中的米缸、面袋，坛坛罐罐，好不容易划拉出一些残米剩面，陈年碎食，于是哆哆嗦嗦将其放入锅内熬粥充饥，但粥未熬好，便耐不住寒冷和饥饿死掉了。这有点像我们小时候学的"寒号鸟"的故事，于是，后人为了记住这个血的教训，就形成了腊月初八弄些杂粮杂豆熬粥吃的风俗，以警示人要勤劳俭朴，否则连粥也没得喝，只能饿死路边。

三、小小腊粥花样多，九州方圆品腊八

腊八节最为人们熟悉也最普遍的习俗便是喝腊八粥了。这小小的腊八粥因为历史的积淀和地域的不同变得花样极其丰富。

（一）源远流长粥文化

起初，腊八节喝"腊八粥"的习俗只不过是祭祀供佛活动中的一个子项目。历史典籍中显示，从腊八节的创立直至

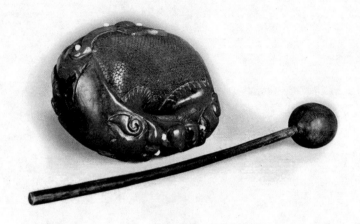

汉朝时期, 农历十二月初八这天的活动虽多, 但关于"腊八粥"却尚无任何确切的记载。

受佛教以农历十二月八日为佛祖生日的影响, 从唐朝开始, 腊八粥才在佛家经卷中所记载的"腊会"(喝粥的集会)中出现, 但此时的"腊八粥"还仅仅限于佛教徒食用。在古代, 僧人们手持钵盂下山宣讲教义, 上街挨户化斋, 老百姓们东家一把米, 西家一把粟, 有的给枣, 有的给花生, 用以表达他们的敬意和善意。到了腊八的时候，僧人们便将化斋得来的各种杂粮放在一起熬煮，除了供佛和自己食用之外，还将粥分舍给寺外的善男信女，所以又称腊八粥为佛粥、福寿粥或福德粥。如今，在少林寺等一些悠久的名山宝刹还保留着腊八施粥的风俗。据说，少林寺的腊八粥配方在金、元时已经完善，是禅医的秘制，要精挑细选粳米、糯米、薏米、黑米、五行豆(红豆、黄豆、绿豆、黑豆、芸豆)、莲子、红枣、百合、桂圆、枸杞、山药、山楂等原料，精心熬制方成，

这也可见佛家取之于人用之于人的虔诚。

除了受佛家的习俗影响，其实我国也有源远流长的粥文化。《礼记·檀弓》曰："食粥，天下之达礼也。"而将腊八和粥联系起来，大概是到了宋朝，大诗人陆游有一首《食粥》的诗写道："世人个个学长年，不悟长年在目前。我得宛丘平易法，只将食粥致神仙。"可见当时食粥的讲究。在《东京梦华录》中出现了这样的文字："十二月初八日，大寺作浴佛会，并送七宝五味粥与门徒，谓之腊八粥。都人是日各家亦以果子杂料煮粥而食也。"吴自牧也在《梦粱录·卷六》里提及："八日，寺院谓之'腊八'。大刹寺等俱设五味粥，名曰'腊八粥'。"自此，"腊八粥"才有了确切而详细的记录。从周密《武林旧事》中"寺院及人家用胡桃、松子、乳蕈、柿、栗、粟、豆之类作粥，谓之腊八粥"，我们不仅可以知晓当时腊八粥的材料，还可了解到腊八粥的习俗已经"飞入寻常百姓家"，并逐渐成为人们庆贺腊八节的重要节目之一。

腊八粥发展到元朝，当时的人们为了驱寒和辟邪，均喜好在粥里加入红小豆，因此腊八粥又被叫作"红糟"和"朱砂粥"，在腊月初八这天，上至皇帝嫔妃、高官富贾，下至贫民百姓，都会煮一碗热气腾腾的腊八粥欢庆腊八节的到来。时人有诗云："腊月皇都飞腊雪，八日朱砂香粥啜。鼎馔豪家儿女悦，丰充羊醴

（甜酒）劳烹切。"由于腊八粥在人们心目中的地位愈来愈重，统治者甚至开始将腊八赐粥作为笼络人心的手段。元人孙国敕在《燕都游览志》中说："十二月八日，赐百官粥，以米果杂成之。品多者为胜。"

前文腊八的起源当中，相传腊八粥的由来与明太祖朱元璋有关，传闻中提起，皇帝在腊月初八要向文武百官赏赐宫内熬煮的腊八粥。既然腊八粥的地位已经上升到节日期间帝王招待大臣的"圣餐"，其用料自然会十分讲究，有著名文人刘若愚《酌中志》一书为证："初八日，吃'腊八粥'。先期数日将红枣槌破泡汤。至初八早，加粳米、白米、核桃仁、菱米煮粥，供佛圣前，户牖园树、井灶之上，各分布

之。举家皆吃，或亦互相馈送，夸精美
也。"

到了清朝，"腊八粥"变得更加隆重，
"每至腊七夜就开始熬粥，武火烧开，文
火慢煨，直至次日腊八之晨。天明时腊八
粥煮好，供佛祭祖后，分馈亲邻"。不仅
熬煮程序有严格规定，其选料也更加讲
究。清人富察敦崇在《燕京岁时记》里则
称："腊八粥者，用黄米、白米、江米、小
米、菱角米、栗子、去皮枣泥等，和水煮
熟，外用染红桃仁、杏仁、瓜子、花生、榛
穰、松子及白糖、红糖、葡萄以作点染，切

不可用莲子、扁豆、江米、桂圆，用则伤味。"

北京雍和宫有一口高约一米五、直径约两米的大铜锅，据传便是以前清朝专门用来煮腊八粥的。据记载，雍正三年(1725年)世宗将北京安定门内国子监以东的府邸改为雍和宫，每逢腊八日，在宫内万福阁等处，用锅煮腊八粥并请来喇嘛僧人诵经，然后将粥分给各王公大臣，品尝食用以度节日。

《光绪顺天府志》又云："每岁腊月

八日，雍和官熬粥，定制，派大臣监视，盖供上膳焉。"其煮粥仪式有一定之规：初一领料，初二至初五送达雍和官，初六过秤分料，每锅粥要用各种米、豆十二石，大枣等干果百余斤，初七上午淘米、泡干果，下午点火熬粥。每年熬五锅粥，第一锅供佛，第二锅进贡，第三锅送王公大臣及庙里大喇嘛，第四锅送在京文武百官及京外封疆大吏，第五锅供众喇嘛食用和在庙外舍给市民一些。于此，夏仁虎还有首《腊八》诗："腊八家家煮粥多，大臣特派到雍和。圣慈亦是当今佛，进奉熬成第二锅。"诗虽有溜须奉承之嫌，却印证了清代的这一风习，因为圣恩浩荡，这腊八节的腊八粥也变得尤其珍贵。

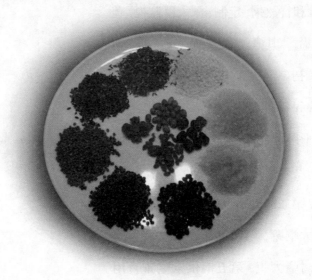

（二）杂七杂八腊八粥

腊八粥又名五味粥、七宝粥。五、七自是概说，事实上说"杂七杂八腊八粥"并不为过，这杂七杂八所体现的是多味和营养，或许这也是我们今天杂粮饮食的最早依据吧。

通常腊八粥是用各种米（糯米、大米、玉米、黄米、高粱米、黑米）、各类豆（芸豆、赤豆、绿豆、大豆、豇豆、扁豆）、不同干果（大枣、板栗、杏仁、花生、核

桃、百合、桂圆、莲子、芝麻、青红丝），杂
以豆腐、薯芋、肉品、蔬菜等熬煮而成。

最早的腊八粥是用红小豆来煮，后
来在流传过程中经过丰富多彩的演变。

《鸡肋篇》上说："宁州（今辽宁复
县一带）腊月八日，人家竞作白粥，于上以
林栗之类，染以众色，为花鸟象，更相送
遗。"

南宋文人周密撰《武林旧事》云：
"用胡桃、松子、乳覃、柿、栗之类作粥，
谓之腊八粥。"

《金瓶梅》中有："（苏北）粳米投
着各样榛、松、栗子、果仁、梅桂、白糖粥
儿。"

《明宫史》说道："（明宫内）
前几日将红枣捣破泡汤，至初八
早，再加粳米、白果、核桃仁、
栗子、菱米煮粥，供于佛圣前，
并于房牖、园树、井灶之上，
各分布所煮之粥。"

《清嘉录》写有："（苏州）居民以菜果入米煮粥，调之腊八粥。"

这腊八粥的丰富多样，很容易让人联想到我国传统文化对农业的依赖以及先民由粮食丰收所带来的喜悦。当然百味杂陈的腊八粥也是极富营养的，这正符合我们现代人健康养生的口味，所以今天的腊八节吃腊八粥更加风行。

（三）精美的腊八食雕

中国的食雕源自我们悠久多样的祭祀文化，腊八粥的食雕就是其中之一。

清人富察敦崇在《燕京岁时记》里则称：

"腊八粥者……每至腊七日，则剥果涤器，技夜经营，至天明时则粥熟矣。除祀先供佛外，分馈亲友，不得过午。并用红枣、桃仁等制成狮子、小儿等类，以见巧思。"

这些就是指那些讲究的人家，熬制腊八粥时会将各种瓜果雕刻成人形、动物等各种花样放在锅中煮，其中最有特色的就是在腊八粥中放上"果狮"。果狮是用几种果子做成的狮形物，先用剔去枣核烤干的脆枣作为狮身，再拿半个核桃仁作为狮头，然后把桃仁作为狮脚，以甜杏仁为狮子尾巴，最后用糖粘在一起，放在粥碗里，活像一头生机勃勃的小狮子。如果碗较大，还可以摆上双狮或是四头小狮子。腊八粥熬好之后，要先敬神祭祖，之后才能赠送亲友，而且一定要在中午之前送出去，最后才是全家人食用。在祭祀祈福之意的表达中，这种既好吃又好看的食雕腊八粥也体现了我们民族的巧慧，颇为可爱。

随着时代的发展，花样越来越多的腊八粥已发展成具有地方风味的小吃。人们在品味丰富的文化意味的同时，更是在享受色味俱佳、营养丰富的节令美食。

（四）十里不同腊八粥

我国幅员辽阔，民族众多，这种地域和民族文化的差异也使得腊八粥的配料和口味变得非常丰富，小小的腊八粥，简直成了一道包罗万象又精致讲究的饮食艺术。

我们先来看看北方的腊八粥：元明清以来，北京一直是我国的政治文化中心，所以北京的腊八粥也很有融合丰富的代表性。北京将腊八粥称为"八宝"，说到这儿，大家也会恍然大悟，原来我们经常购买的"八宝粥"原来就是腊八粥啊。北京对这"八宝"讲究的是一个原则：丰富，这也体现出了北方文化的大气和包容，毫不挑剔。于是掺在白米中的配搭可谓五花八门，如红枣、莲子、核桃、栗子、杏仁、松仁、桂圆、榛子、葡萄、白果、菱角、青丝、玫瑰、红豆、花生……总计不下二十种。每到腊月初七的晚上，一家人纷纷开始准备，洗米、泡果、剥皮、去核、精拣，然后在半夜时分开始煮，再用微火炖，一直炖到第二天的清晨。再讲究些的人家，就会制作我们上面提到的食雕放在锅中煮。

陕西是我国古代的政治中心，虽同为北方，但更多了些西北民族的特色。到了腊八这天，熬粥除了用多种米、豆之外，还得加入各种干果、豆腐和肉混合煮成。通常是早晨熬煮，或甜或咸，依人口味自选酌定。倘是午间吃，还要在粥内煮上些面条，全家人团聚共餐。陕西人把腊八粥称作杂合粥，分"五味"和"八味"两种。前者用大米、糯米、花生、白果、豆子煮成。后者用上述五种原料外加大肉丁、豆腐、萝卜，另外还要加调味品，可见是荤素之别。这陕西的腊八粥跟那北京的一比，倒显得北京口味纯粹了很多。想想盛

唐的长安城，世界第一，万国来朝，这陕西之地的杂糅和融合自然不是其他地方能攀比的。羊肉泡馍、饸饹、胡辣汤这种唯恐味道不全的多民族的饮食习惯也自然影响了一道小小的腊八粥。

据说，陕西的腊八粥不要蔬菜，而甘肃人就不同，腊八粥里不仅要有五谷，蔬菜更是不可或缺，煮熟后除家人吃，还分送给邻里，还要用来喂家畜。在兰州、白银市地区，腊八粥煮得很讲究，用大米、豆、红枣、白果、莲子、葡萄干、杏干、瓜干、核桃仁、青红丝、白糖、肉丁等煮成。煮熟后先用来敬门神、灶神、土神、财神，祈求来年风调雨顺，五谷丰登；再分给亲邻，最后一家人享用。

河南的腊八粥，是小米、绿豆、豇豆、麦仁、花生、红枣、玉米特等八种原

料配合煮成，熟后加些红糖、核桃仁，粥稠味香，预示来年五谷丰登。山东"孔府食制"中，规定腊八粥分两种，一种是用薏米仁、桂圆、莲子、百合、栗子、红枣、粳米等熬成的，盛入碗里还要加些"粥果"，就是水果食雕。这种粥专供孔府主人及十二府主人食用。另一种是用大米、肉片、白菜、豆腐等煮成的，是给孔府里当差们喝的。

与河南、山东一样，山西也是个文化传统丰富的地方。就腊八粥而言，山西各地又呈现出不同的食俗。虽然大部分地区以小米为主，佐以豇豆、小豆、绿豆、小枣、黏黄米、大米、江米等共煮。但在山西东南部分，人们腊月初五即用小豆、红豆、豇豆、红薯、花生、江米、柿饼，加水煮粥，又叫甜饭。

南方因作物、饮食风味的差别，在腊八粥的配料和制作上与北方又有所差别。江苏地区的腊八粥分甜咸两种，煮法一样。只是咸粥是加青菜和油。苏州人煮腊八粥要放入茨菇、荸荠、胡桃仁、松子仁、芡实、红枣、栗子、木耳、青菜、金针菇等。正如清代苏州文人李福曾的诗中所说："腊月八日粥，传自梵王国。七宝美调和，五味香掺入。"浙江的腊八粥据说是从江苏南京传过来的，所以与江苏多有相似又有所创新。一般都用胡桃仁、松子仁、芡实、莲子、红枣、桂圆肉、荔枝肉等，香甜味美，食之祈求长命百岁。

从东到西,"君住长江头,我住长江尾",虽是同饮一江水,位居内地的四川与江浙又多有不同。四川山多地大,民族众多,腊八粥的做法也五花八门,甜咸麻辣,百味俱全。一个突出的特点就是:杂,就像四川流行的火锅一样。有吃咸味的,主要是用黄豆、花生、肉丁、白萝卜、胡萝卜熬成的。有吃甜粥的,这也反映了民族文化的丰富多样。

(五)腊八粥与养生

俗话说:"天天一碗营养粥,不劳郎中来奔走。"腊八吃粥,可谓营养多多,好处多多,但选料和烹煮过程极为讲究。食粥可以延年益寿,粥是世间第一补人之物。《本草纲目》称,食粥可以益

气、生津、养脾胃、治虚寒。

（1）极为讲究的选料

腊八粥的主要原料为谷类，常用的有粳米、糯米和薏米。粳米含蛋白质、脂肪、碳水化合物、钙、磷、铁等成分，具有补中益气、养脾胃、和五脏、除烦止渴、益精等功用。糯米温脾益气，适于脾胃功能低下者食用，对于虚寒泄利、虚烦口渴、小便不利等有一定辅助治疗作用。中医认为薏米具有健脾、补肺、清热、渗湿的功能，经常食用对慢性肠炎、消化不良等症也有良效。富含膳食纤维的薏米有预防高血脂、高血压、中风及心血管疾病的功效。

豆类是腊八粥的配料，常用的有黄豆、赤小豆。黄豆含蛋白质、脂肪、碳水化合物、粗纤维、钙、磷、铁、胡萝卜素、硫胺素、核黄素、尼克酸等，营养十分丰富，并且具有降低血中胆固醇、预防心血管病、抑制多种恶性肿瘤、预防骨质疏松等多种保健功能。赤小豆含蛋白质、脂肪、碳水化合物、粗纤维、钙、磷、铁、硫胺素、核黄素、尼克酸等，中医认为本品具有健脾燥湿、利水消肿之功，对于脾虚腹泻以及水肿有一定的辅助治疗作用。

不可小看腊八粥中果仁的食疗作用，花生和核桃是不可缺少的原料。花生有"长生果"的美称，具有润肺、和胃、止咳、利尿、下乳等多种功能。核桃仁具有补肾纳气、益智健脑、强筋壮骨的作用，还能够增进食欲、乌须生发，核桃仁中所含的维生素E更是医药学界公认的抗衰老药物。

如果在腊八粥内再加羊肉、狗肉、鸡肉等，就更使腊八粥营养滋补价值倍增。对于高血压患者，不妨在粥里加点白萝卜、芹菜，对于经常失眠的患者，如果在粥里加点龙眼肉、酸枣仁将会起到很好的养心安神的作用，何首乌、枸杞子具有延年益寿的作用，对血脂也有辅助的调节作用，是老年人的食疗佳品。燕麦具有降低血液中胆固醇浓度的作用，食用燕麦后可减慢血糖值的上升，在碳水化

合物食品中添加燕麦后可抑制血糖值上升，因此对于糖尿病以及糖尿病合并心血管疾病的患者，不妨在粥里放点燕麦。大枣也是一种益气养血、健脾的食疗佳品，对脾胃虚弱、血虚萎黄和肺虚咳嗽等症有一定疗效。

（2）程序火候要精到

以河北人做腊八粥为例。为了做出黏糊、地道、美味、营养的效果。腊八节的前一天，就要提前把白芸豆用清水泡上，泡发直到胖大饱满；白莲子要用热水涨发，去绿色芯；栗子要去掉硬壳和内衣。

依此类推，其他一些干杂粮都要提前一天泡好、处理干净，以备第二天能及时用到。熬制过程中，因为配料的质地、物性有差别，所以下锅时要讲程序，这有点像熬药膳。首先下锅的是白芸豆，这个最难煮，下锅煮20分钟后，再依次加入大米、糯米、麦仁、葛仙米、小枣及饭豆，这时需加大火煮沸，然后改小火慢煮40分钟，至粥稠豆糯、枣烂时止。粥熟后加蜜桂花、红糖（或先将红糖煮成糖汁，加在粥中）拌匀即成，这样煮出的腊八粥黏稠可口，营养均衡。

（3）营养喝法讲科学

糖尿病人以燕麦、荞麦为主料。营养学上，并不主张糖尿病病人过严地限制碳水化合物，但要选用血糖生成指数较低的碳水化合物。专家认为腊八粥中的各种豆很好，能使蛋白互补，而且纤维素较高。许多研究已证实富含膳食纤维的食物可降低血糖，特别是燕麦、大麦和一

些豆类所含的可溶性纤维,可在胃内形成黏稠物质,影响葡萄糖的吸收和利用,不会导致餐后血糖突然上升。某些坚果,如花生、榛子、杏仁中的膳食纤维含量也较高,还含有可调血脂、降血脂的不饱和脂肪酸。即便是含淀粉较多的栗子、莲子、芡实的膳食纤维含量也都在1.2%～3%之间,其血糖生成指数也远比精制的米面低。荞麦中含有铬,有加强胰岛素的作用,在临床上用于糖尿病的营养治疗。所以,糖尿病病人可多选燕麦和荞麦作主料。如果想吃甜食,可以放些甜菊糖、木糖醇甜味剂。

老年人晚上喝最适合。老年人应饮食多样化、多吃大豆及其制品，腊八粥符合这些要求。而且腊八粥多在晚上食用，也符合老年人的饮食习惯。大豆中丰富的生物活性物质大豆异黄酮和大豆皂甙，可以抑制体内脂质过氧化，能够预防骨质疏松症。老年人胃肠功能减弱，腊八粥正好软烂易消化，加上粗细搭配，富含膳食纤维，能增加肠蠕动，对预防老年性便秘有一定作用。

中青年应放不同的米。中青年人由于工作量大，活动量大，对能量要求高。许多中年人应酬多，碳水化合物的来源越来越少，不符合中国居民膳食指南中粮谷类应占55%～65%的原则。所以，在腊八粥中不妨多放些富含碳水化合物的米类食品，也可适当多放些栗子、芡实、莲子等既富含淀粉又有一定保健作用的坚果。李教授特别提示，大豆异黄酮对中青年女性非常有好处，它本身是植物

雌激素，但它可以抑制体内雌激素的过多分泌，而体内雌激素的过多分泌可以导致乳腺癌。

肥胖人选高膳食纤维要控制摄入总量。在各种膳食因素中，高脂肪、高碳水化合物膳食是肥胖的直接致病因素。所以，李教授强调，肥胖人士的饮食原则主要是控制食物摄入总量。大量的流行病学研究表明，膳食纤维与肥胖关系密切。因此，肥胖人士应多选择含膳食纤维较高的燕麦、荞麦、大豆、绿豆、豌豆、芸豆等，坚果中可以选一些含油脂较少的品种。当然，还是不要放糖。

孕妇易吃软烂。女性怀孕早期一般早孕反应严重，此时应选择容易消化的食物以减少呕吐，粥就是一种很好的选择，更何况是香糯软烂的腊八粥。孕中期，胎儿生长加快，需要补充能量，同时对铁的需要量增加，而孕晚期则需要加强钙的补充。所以，对准妈妈和新妈妈来说，以下食物可以多考虑一些：糙米中含有大于100毫克／千克的钙，花生仁、大豆、黑豆、青豆、枣中都含有较丰富的钙，大豆和坚果中也含有较多的铁。

美容应放核桃、芡实。许多黑色食品都是绝好的美容食品。比如黑米，含有多种维生素和锌、铁、硒等营养物质。中医认为，黑米能滋阴益肾，明目活血。黑豆蛋白质含量高，质量好，还含有丰富的不饱和脂肪酸和钙、铁、胡萝卜素及维生素B。《名医别录》中有"久食黑豆，好颜色，变白不老"的记载。

四、腊八礼数风习多，
不拘一格庆腊八

　　腊八节本是原始先民庆贺农业丰收的感恩之礼，随着历史变迁，人们不但赋予了腊八节越来越多的意义，也使得腊八的节庆活动更加丰富多彩。除了习见习闻的喝腊八粥，如今常见的腊八风俗还有：祭祀神灵先祖、供奉佛祖、煮五豆、泡腊八蒜、吃腊八面、做腊八豆腐、制腊八豆等等。

（一）祭祀神灵先祖

这是腊八最原始也最根本的礼俗。无论是《礼记·郊特牲》的"伊耆氏始为蜡"，还是应劭《风俗通》"《礼传》：腊者，猎也，言田猎取禽兽，以祭祀其祖也。或曰：腊者，接也，新故交接，故大祭以报功也"的记载，都告诉我们腊八风俗中祭祀之礼的重要。

《风俗通》中记载："上古时有神荼、郁垒，昆弟二人，性能执鬼。度朔山上，有桃树，下常简阅百鬼，鬼无道理者，神荼与郁垒持以苇索，执以饲虎。是故县官常以腊祭夕，饰桃人，垂苇索，画虎于门，以御凶也。"古人伏腊并提，以比寒暑，都是大祭之时，而从这则传说更可看出古时腊祭的隆重堪比今日的春节。

《搜神记》记载着这样一则有趣的故事。汉宣帝时，河南南阳有个叫阴子方的人，他很孝顺，而且积恩好施，尤其有个癖好就是腊八时要祭祀灶神，乡亲们都不解其中缘故。原来，有一年腊日吃早饭，阴子方在灶台看到了灶神现身，当即惊拜。当时子方家只有一头黄羊，于是就用作祭祀灶神的牲礼。子方因为灶神的护佑，成了一方巨富，有田地七百余顷，舆马仆隶，名闻百里，而且越过越富，因富而贵，"家凡四侯，牧守数十"。这个腊日以黄羊祭灶神的习俗虽然没有推广，但我们从中不难看出古人重视祭祀神灵的虔诚之心。

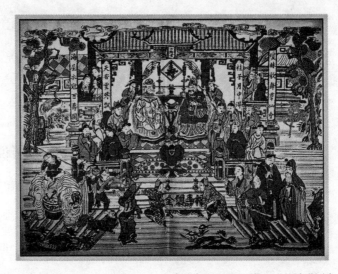

人们希望通过腊八的礼敬神、祭拜祖先，来表达一份对美好生活的朴素的期盼和向往：一年到头了，能够丰衣足食，应该感谢祖先的护佑和天地诸神的帮助啊！于是拿出一年来的丰收果实，供奉祖先神灵，是心灵的尊敬和感恩，也是精神的追思与洗礼。

（二）供奉佛祖

上面我们谈到了腊八的别称"佛成道节"，中华传统文化与西来的佛教文化相互交融，到底是谁影响了谁，已难分解。宋代孟元老《东京梦华录》卷十《十二月》中写道："十二月……初八日，街巷中有僧凡三五人作队念佛，以银铜沙罗或好盆器，坐一金铜或木佛像，浸以香水，扬枝洒浴，排门教化。诸大寺作浴佛会，并送七宝五味粥与门徒……"宋朝的吴自牧于《梦粱录》卷六中载有："八日，寺院谓之'腊八'。大刹寺等俱设五味粥，名曰'腊八粥'。"《永乐大典》亦记述："是月八日，禅家谓之腊八日，煮经糟粥以供佛饭僧。"

可见，腊八节这天寺院僧侣们除了要举行隆重的育经及剃度活动供佛敬佛之外，还会在此前由僧人手持钵盂，沿街化缘，然后将收集来的米、栗、枣、果仁等粮食在腊八这天煮成粥施散给穷人，让黎民百姓得到佛祖的护佑，沐浴到佛祖的恩德。传说在杭州名刹天宁寺内有储藏剩饭的"栈饭楼"，寺僧平时会将剩饭晒干，积攒一年的余粮，到腊月初八这天熬制成粥分赠信徒，难怪腊八粥又被称为"福寿粥""福德粥"，来自佛门的馈赠自然多了增福增寿的吉祥，也带着佛门弟子爱惜粮食的美德，带来好运是自然的。

（三）腊八粥外吃俗多

（1）吃腊八面

腊八面流行于关中地区，在陕西渭北一带的澄城地区，每年的农历腊月初八凌晨，家家户户都要用各种果蔬做成臊子，把面条擀好，赶在太阳出来之前做碗腊八面来吃，因为当地有个习俗是"腊八不见红"，意思是说不等红红的太阳出来就要吃腊八面。另外，吃腊八面的时候，还要给家里的鸡、猪、牛、羊、狗喂食

腊八面。据说，牲畜只有吃了腊八面才会下蛋生仔；与此同时还要给院子里的果树夹上一筷子腊八面，唯有这样，果树来年结的果子才会又多又大。

据说，这腊八面源自腊八粥。过去在陕西大荔和临潼、凤翔一带，腊八节时人们要煮面敬神，因此叫"腊八面"。起初关中农村的腊八面是用小米、黄豆煮粥下面条，而后用八种蔬菜和肉做成臊子下面条，如今随着生活水平的提高，人们将豆类与菜系相结合，用核桃仁、芝麻、花生米、莲子、青菜、菠菜、黄花、木耳等同面条同煮，调成汤面，营养丰富，十分好吃。

如今的关中地区，仍然流传着这样一句俗语："红白萝卜似疙瘩，母亲叫你吃腊八。"讲的便是腊八面的做法。做"腊八面"前，先要做好"腊八菜"，也叫"腊八臊子"。腊八菜是先将红萝卜、白萝卜、白菜帮子切成又薄又匀的菱形、长条、方片（即前文俗语中所说的"疙瘩"），手巧的还切成周边带花的各种图形，然后以大葱、蒜苗、豆腐、粉条、茴香等调料，通过文火烩在一起，再浇上几滴红艳艳的油泼辣子，顿时香气四溢，让人垂涎三尺。

腊八臊子做好后，接着就是做面了。面条要用上好的白面粉手工和制，擀面时要拿稳放平、用力均匀、先松后紧、先慢后快，富有韵律地一推一压，将面团擀

成一张薄薄的面片。然后在摊开的面上撒少许面粉，一层一层均匀地折叠。接着就是切面了，切面时讲究刀尖不离案，刀把缓缓抬，伴着"咯噔、咯噔"的节奏，面便被切成菱形小片。待到水开后，就可以把面下到锅里文火温煮，等到面熟之时，再将"腊八菜"倒进锅里，稍稍加温，色、香、味俱佳的"腊八面"便可出锅了。

（2）泡腊八蒜

北方民间腊八节还有泡腊八蒜的习

俗。腊八蒜的制作工艺十分简单，就是醋加大蒜瓣儿，但是选料却很考究，必须是紫皮蒜和米醋，因为紫皮蒜瓣小才泡得透，蒜瓣也就更硬崩瓷实，泡出来的蒜才会又脆又香；而米醋色淡，泡过的蒜色泽如初，橙黄翠绿，口感酸辣适度，香气浓而微甜，若用老醋熏醋来泡蒜，不但蒜瓣色泽发黑，口感也很差。

腊八节这天，人们会围聚在一起剥蒜瓣，将剥了皮的蒜瓣儿浸入米醋中，放到一个装满醋的坛子里，然后将坛子封严放到一个较冷的地方储存起来，直至除夕这天才能启封。启封后，那蒜瓣看起来湛青翠绿，尝起来辣味儿也去掉了许多，不仅蒜瓣可人，那泡蒜的醋闻起来也隐隐带着蒜香，"醋味甚美"，乡民们亲切地称之为"腊八醋"。和着辣蒜香醋，家人们就着香喷喷、热腾腾的饺子、麻辣香甜的凉拌菜一起享用，真是别有一番滋味在心头。

关于腊八蒜的习俗，还流传着这样一种说法。腊八蒜的蒜字，与"算"同音，因为腊月过后就是年关，各家商号都要在腊月初八这天拢账，把这一年的收支盈亏清算出来，所以商人们都把这天叫作"腊八算"。而清算账务时，债主们往往又不好意思在家家户户都欢迎新春的时候，直接跑到别人家里大煞风景地去讨债，于是债主便会送给欠债人一坛腊八蒜，提醒欠债人该"算账"啦。而欠债的人收到了腊八蒜自然心照不宣，知道有人

要来讨账了，于是便会准备好钱财，准备清偿债务。北方民间于是就流传这样一首民谣："腊八粥、腊八蒜，放账的送信儿，欠债的还钱。"

　　腊八蒜作为北方民俗的经济符号之一，还有一个有趣儿的说法，那就是虽然都要吃腊八蒜，却从来没有货郎叫卖此物，这是为什么呢？原来，货郎贩卖商品时都会吆喝，如果卖腊八蒜的话，就得喊"腊八蒜来！"欠债的人听见吆喝心里咯噔一下，怎么街上还有喊着催债的！再说了，你一个做小买卖的跟谁算哪！人家不跟你算就不错了，所以腊八蒜不能下街吆喝，都是一家一户自己动手泡腊八蒜，自己先给自己算算，今年这个年怎么过。

（3）腊八豆腐

腊八豆腐是安徽黔县民间风味特产，每年腊八前后，黔县家家户户都要用上等小黄豆做成豆腐，并切成圆形或方形的块状，然后抹上盐水，在上部中间挖一小洞，放入适量盐水，再用草绳悬挂在通风处，将其置于冬日温和的太阳下慢慢烤晒，使盐分逐渐吸入，水分也渐晒干，一般可晾放三个月不变质、变味。这种自然晒制而成的豆腐被称作"腊八豆腐"。

做好的腊八豆腐成品色泽黄润如玉，入口松软，咸中透甜，又香又鲜。如在晒制时加入虾米等辅料，则更加美味。它既可以单独成菜，也可与肉类搭配，或炒或炖，都是美味。招待贵宾时，黟县人还将其雕刻成动物、花卉的模样，淋上麻油，拌上葱姜蒜等作料，配成冷盘，成为酒宴佳肴。

（4）煮五豆

相传宋朝欧阳修不得志时，以卖文写字为生。一日遇一李姓员外女抛彩选婿，欧阳修无意间竟然中彩，李小姐见欧阳修文质彬彬，颇有儒雅之气，于是芳心暗许。谁知李员外嫌贫爱富，几欲悔婚，李小姐一怒之下离家出走，毅然下嫁于欧阳修。婚后夫唱妇随，欧阳修把卖文得来的钱交给妻子掌管，而妻子也节衣缩食，勤俭持家，每天早上仅以豆子稀饭果腹充饥。苦日子熬到皇王开科，妻子取出平日攒下的银子给欧阳修作赶考的盘缠。欧阳修不禁纳闷：自家素来清贫，银从何来？妻子说这些钱财均是每日吃豆子稀饭省下的。

后来，欧阳修金榜题名做了官，日渐位高名重。妻子担心欧阳修会忘了根本，于是便在腊月初八这天给他煮了一顿五种豆子的稀饭。欧阳修一尝，连说："难吃！难吃！"妻子接着就讲述了过去经历的苦难。欧阳修深感妻贤，就给家中立下规矩，每年腊月初八吃五豆粥。

有了欧阳修这样一个优秀的榜样，腊八"煮五豆"的风习不胫而走，人们谁不希望自己的子女能如欧阳修一样刻苦读书，文采馥郁，福禄亨通，而且又具备富不忘贫、贵不忘本的美德，于是腊八这天"煮五豆"的习俗就传开了。关于这"煮五豆"还有种新鲜做法，用面捏些"雀儿头"，和着米、豆同煮，据说，腊八这天吃了"雀儿头"，麻雀就会头痛，来年便不会来危害庄稼了。煮的这种"五豆"，如腊八粥一样，除了自食，也赠予亲邻。

（5）制腊八豆

腊八豆是我国湖南的传统食品之一，已有数百年历史，相传当地民间在腊八节这天便开始煮豆腌制，直到来年才吃。因一般在腊月八日腌制，故称之为"腊八豆"。其成品具有一种特殊的香味，且异常鲜美，备受人们喜爱。

腊八这天，湖南人便会把黄豆洗净，

撇除空皮残粒,加水下锅煮熟炖软,捞出摊凉后放在专门的布袋内,四周用稻草或棉絮围上保温,放在20℃左右的地方。约2—3天后,黄豆发烫,发酵长出白霉,这时便将其捞出装在钵子里,加入原来的煮豆水,再加配料,一起拌匀,最后把拌匀的黄豆装入坛内,封严坛口,10天后即可取食。腊八豆还可配做多种菜肴,蒸、煮、炒、炸均可,不管荤素食法都堪称佐餐美味。

（6）吃冰藏冰

过去在有些地方，腊八还有吃冰的习俗。腊八的前一天，人们会用钢盆舀水放在屋外，让水结成冰块，等到第二天就把冰敲碎了拿来吃，因为据说如果腊八节这天吃了冰，往后的一年都不会肚子疼。

藏冰也是古代所特有的一种习俗，有关腊八藏冰的说法最初是在明朝，据传在腊八前几天，人们就会用铁锥把冰凿成长二尺、宽尺许见方的冰块，在腊八节时将其藏入特制的冰窖中，然后将冰窖封固起来，留到夏天使用。现在北京还有个地名叫作冰窖胡同，老人们说，这就是过去藏冰的地方。

《春明采风志》上曾提到，苏州商人每年在最严寒时蓄水制冰，并于腊月藏冰，贮于冰窖（就是冰窖），来年六月出卖，为鱼类保鲜之用。而尤倬的《冰窖歌》也从侧面反映出了我国古代藏冰的习俗："我闻古之凌阴备祭祀，今何为者惟谋利。君不见葑溪门外二十四，年年特为海鲜置。潭深如井屋高山，潴水四面环冰田。孟冬寒至水生骨，一片玻璃照澄月。窖户重裘气扬扬，指挥打冰众如狂。穷人爱钱不惜命，赤脚踏冰寒割胫……堆成冰山心始快，来岁鲜多十倍卖。海鲜

不发可奈何，街头六月凉冰多。"这首颇
有唐乐府之风的诗歌记述了古人藏冰的
用途、冰窖的形状、窖主的富贵跋扈、穷
人的冒寒采冰等情景，可见采冰藏冰之
利之盛。另外据说，临近冻冰时，各冰窖
主人还会以五十二两重的元宝，贿赂昆
明湖管水人提闸放水，以加厚冰窖的冰
层。

此外，腊八这天各地还有很多不同
的风俗。

在陕北高原，熬粥除了用多种米、豆之外，还得加入各种干果、豆腐和肉混合煮成。吃完以后，还要将粥涂抹在门上、灶台上及门外树上，以驱邪避灾，迎接来年的农业大丰收。据说，把腊八粥涂到果树上，目的是让果树来年多结果子。民间有顺口溜：大树小树吃腊八，来年多结大疙瘩。而且，陕北腊八这天忌吃菜。如果这天吃菜的话，庄稼地里就会杂草多。

在关中地区，腊八习俗颇有特色。富平县的农家，这一天要酿酒，名曰"腊脚"；长安县在这天要煮肉糜，抛洒在花木之上，谓之"不歇枝"；乾县、礼泉一带，讲究腊八节要给老人送粥，女儿家要请新女婿吃粥；凤翔一带则是用黄米和八种豆子，加上油盐做一顿腊八焖饭；铜川地区的农村，在这天还流传着为幼男幼女剃头理发的习惯。

在甘肃武威地区讲究过"素腊八"，吃大米稠饭、扁豆饭或是稠饭，煮熟后

配炸馓子、麻花同吃，民俗叫它"扁豆粥泡散"。宁夏人煮腊八粥时，还要再加上用麦面或荞麦面切成菱形柳叶片的"麦穗子"，或者是做成小圆蛋的"雀儿头"，出锅之前再加入葱花油。而同为西北的青海西宁人腊八节却不喝粥，而是吃麦仁饭。腊月初七晚上将新碾的麦仁，与牛羊肉同煮，加上青盐、姜皮、花椒、草果、茴香等作料，经一夜文火熬煮，肉、麦交融成乳糜状，麦仁饭异香扑鼻，十分可口，这自然是与当地的少数民族饮食习惯有关。

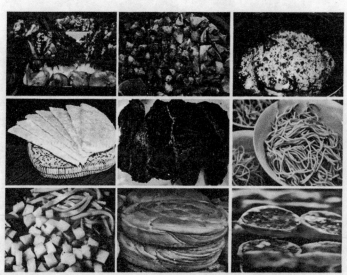

五、文人墨客多歌颂，
古今佳作咏腊八

节日带给人们的不应只是浓烈的色彩和欢腾的气氛，更重要的是那些充满象征意味的文化符号，以及蕴涵其中的文化魅力。中国的传统节日形式多样，内容丰富，是我们中华民族悠久历史文化的一个组成部分。传统节日的形成过程，是一个民族或国家的历史文化长期积淀凝聚的过程。同时，我国又是一个诗歌十分发达的文明古国，历代有关传统节日的诗词曲层出不穷，异彩纷呈，令人叹为观止。它仿若一条鲜明的轨迹，贯穿始终，例如中秋节、元宵节等。下面我们就来检视、涵咏那些关于腊八的诗词文字，借此还原一幅幅清晰、生动的腊八风俗画。

（一）古人笔下的腊八

我国古代的腊八诗文大致涉及了腊八的祭、礼、会、猎、游、食等诸多方面。在古代，腊日要祭祀先祖和神灵，场面盛大。《礼记·杂记下》说子贡看到蜡祭的人们"皆若狂"。郑玄解释说蜡祭是"索

飨之祭"，民众会饮，"于是时民无不醉者如狂"。会饮期间，要向神灵、尊长敬酒，还要"修刺贺君、师、耆老"。我们来看看比较早的一首腊八诗，是晋代裴秀的四言诗《大腊》：

日躔星记，大吕司晨。玄象改次，庶众更新。岁事告成，八腊报勤。告成伊何，年丰物阜……饮飨清祀，四方来绥……掺袂成幕，连衽成帷。有肉如丘，有酒如泉。有肴如林，有货如山。率土同欢，和气来臻。祥风协调，降祉白天。方隅清谧，嘉祚日廷。与民优游，享寿万年。

这首郊庙歌辞保留着《诗经》颂诗的遗韵，质朴清晰，描述了一派古人腊祭的情景，其中"掺袂成幕，连衽成帷。有肉如丘，有酒如泉。有肴如林，有货如山。率土同欢，和气来臻"几句，更是把腊日祭祀和会饮的盛况刻画得淋漓尽致，仿若一幅活生生的祭祀画卷。

北齐的魏收的《腊节》诗："凝寒迫清祀，有酒宴嘉平。宿心何所道，藉此慰中情。"我们知道，腊祭已值年末，诗人这首诗没有裴秀的铺陈，而重在表达祭祀后酒宴上的百感交集，文短情真，很蕴藉。魏收作为南北朝文学史上的"北地三杰"之一，其汉文化功底、诗歌成就都是北朝出类拔萃的代表。北朝是少数民族政权，这首诗也可看出北朝统治者对汉文化祭祀风俗的学习，这也见证了南北朝时期是我们中华民族融合的关键时期。

腊日岁尾，一年的事儿都将告一段落，所以人们不免生出闲逸之情。让我们回到国势空前隆盛的唐朝，看看一代女皇武则天的腊日行程安排："明朝游上苑，火急报春知。花须连夜发，莫待晓风吹。"（《腊日宣诏幸上苑》）这首类同公文的诗从技巧上或许并无过人之处，但女皇的春风得意、君临天下的霸气却令人震撼。想想武则天号令牡丹移居东都洛阳的传说，唐皇室有这么一个能号令天地、旨下青神的女强人，那以周代唐的圣举就可以理解了。大诗人杜甫是中国士大夫的典范，他常怀"致君尧舜上，再使风俗淳"的政治理想，然而造化弄人，所谓"文章憎命达，魑魅喜人过"，他一生飘零，唯一一段还算得意的政治生涯就是他曾短暂地出任肃宗的左拾遗。这首《腊日》诗即写于此时："腊日常年暖尚遥，今年腊日冻全消。侵凌雪色还萱草，漏泄春光有柳条。纵酒欲谋良夜醉，还家初散

紫宸朝。口脂面药随恩泽，翠管银罂下九霄。"

腊日依然寒冷，但诗人已经感觉到春的讯息，他敏锐地感知到了经冬的草色和生意重萌的柳条，这是天从人意还是诗人醉眼呢，不管怎样，我们能够理解难得适意的政治生活给诗人带来的好心情。

"纵酒欲谋良夜醉，还家初散紫宸朝"，描述的是诗人参加了皇帝的腊日朝会，这也透露给我们唐朝时皇帝、朝臣过腊日

的习俗。其实从汉代起，腊日朝廷就曾有

举行朝会的先例，只是到唐朝更为流行。

朝会上有两项活动：一是"会饮"，二是

"腊赐"。"会饮"即相聚饮酒；"腊赐"，

则是君长赏赐臣下牛羊、粳米等食品。

《文昌杂录》记载："唐岁时节物：腊日则

有口脂、面药、澡豆。"所以腊赐之物还

包括头膏、口脂、面脂等化妆品，红雪、

紫雪、小散、大散等药物。杜甫在诗中就

写了腊日会饮的酣畅和腊赐的感恩。

过了腊八已离春天不远，所以诗人们写到春意、春讯的不少。白居易的《腊后岁前遇景咏意》写道："海梅半白柳微黄，冻水初融日欲长。度腊都无苦霜霰，迎春先有好风光。郡中起晚听衙鼓，城上行慵倚女墙。公事渐闲身且健，使君殊未厌余杭。"这是香山居士在杭州做官时的诗作。上有天堂下有苏杭，天堂的美景再动人，也无法取代诗人心中的洛阳，不过这腊日后的好风光还是给诗人带来了好心情。"海梅半白柳微黄"，这只能是属于江南早春的景色；"城上行慵倚女墙"，写出了诗人岁末公事渐闲后，散步寻春的闲适和雅致，难怪香山居士自号"乐天"，他这种随遇而安的心态值得我们学习。

宋代大诗人陆游有一首《十二月八日步至西村》："腊月风和意已春，时因散策过吾邻。草烟漠漠柴门里，牛迹重重野水滨。多病所须唯药物，差科未动是闲人。今朝佛粥交相馈，更觉江村节物新。"如果说白居易的诗给我们展现的是腊日城市的风光，那么陆游这首则是农村的秀色，"草烟漠漠柴门里，牛迹重重野水滨"，多么安详的农村生活，而伴着春天的临近，春耕已经开始，牛已经开始了新一年的耕作。"今朝佛粥交相馈，更觉江村节物新"，诗里还记录了腊日里人们互赠、食用腊八粥的情景，这场面让多病的诗人倍感村居的亲切和温馨，这算是

117

物质并不丰富的古人生活中的一点温暖吧。

　　唐宋诗人常会写到腊日狩猎，看来这古老的习俗在唐宋依然盛行。中唐诗人姚合有一首《腊日猎》，描写了腊日在江边围猎的场景，冬日的寒冷与射猎的雄壮相反相成，表达了猎者的健劲与豪情。而"蜡节畋游非为己，莫惊刺史夜深归"也道出了腊日围猎以作祭祀的风俗，而不让刺史知道打猎或许是诗人在分赠猎物时想给刺史大人带去更多的惊喜吧。宋人韩琦的《腊日出猎近郊》细致描画了狩猎的情景："飞走窜伏不得暇，狡兔幸生犹奋掷。饥鹰眼捷翅头健，下韝风发无虚搦。鹘拳交击或未仆，继嗾韩卢追以咋。"而颇有意味的是同为中唐诗人的卢纶留下的一首《腊日观咸宁王部曲娑勒擒豹歌》，腊日狩猎的活动，诗人没有亲力亲为，却参与了一场宴会，记录下了席间的一首狩猎歌："山头瞳瞳日将出，山下猎围照初日。前林有兽未识名，将军促骑无人声，潜形跧伏草不动，双雕旋转群鸦鸣。阴方质子才三十，译语受词蕃语揖。舍鞍解甲疾如风，人忽虎蹲兽人立。欻然扼颡批其颐，爪牙委地涎淋漓。既苏复吼拗仍怒，果协英谋生致之。拖自深丛目如电，万夫失容千马战。传呼贺拜声相连，杀气腾凌阴满川。"伶伎出色的表演让人有种身临其境的现场感，将军刀马纯熟、力能擒豹，可见其英勇气概。而值得关注的是，这种欣赏狩猎歌曲的宴会是不是狩猎习俗的演化呢。

腊八粥也是诗人笔下常见的素材。明人张方贤的《煮粥诗》写到："煮饭何如煮粥强，好同儿女细商量。一升可作二升用，两日堪为六日粮。有客只须添水火，无钱不必问羹汤。莫言淡薄少滋味，淡薄之中滋味长。"诗人用诙谐轻松的语调告诉了我们一个节约粮食、勤俭持家的古训，可谓个中滋味长啊。而清人李福

的《腊八粥》可谓借"粥"言志抒怀，更多的是对清朝荒政、百姓饥馁的揭露和控诉，表达了诗人忧国忧民的赤子之心："吾家住城南，饥民两寺集。男女叫号喧，老少街衢塞。失足命须臾，当风肤迸裂。怯者蒙面走，一路吞声泣。问尔泣何为，答之我无得。此景望见之，令我心凄恻。"腊月寒冬，僧粥无得，凄凄惨惨，令人动容。而诗人接着说："荒政十有二，蠲赈最下策。"则体现出一个士人深刻的政治见解，解决百姓疾苦要勤政爱民而非一时的赈济。

可见，腊八节在古代如此受欢迎，是与古时社会经济发展状况紧密相连的。腊八粥在当时可以挽救穷苦百姓的性命，在数千年的封建社会中，温饱问题一直是官方和民间关注的头等大事。

（二）今人笔下的腊八

现代写及腊八的文字更多，兹撷取两篇名家名作，或许有助于我们重温这腊八文化的味道。

沈从文的《腊八粥》写于1925年的北京，富于浓厚的北方民俗风情。

初学喊爸爸的小孩子，会出门叫洋车了的大孩子，嘴巴上长了许多白胡胡的老孩子，提到腊八粥，谁不口上就立时生一种甜甜的腻腻的感觉呢。把小米，饭豆，枣，栗，白糖，花生仁儿合并拢来糊糊涂

涂煮成一锅，让它在锅中叹气似的沸腾着，单看它那叹气样儿，闻闻那种香味，就够咽三口以上的唾沫了，何况是，大碗大碗地装着，大匙大匙朝口里塞灌呢！

住方家大院的八儿，今天喜得快要发疯了。一个人出出进进灶房，看到那一大锅正在叹气的粥，碗盏都已预备得整齐摆到灶边好久了，但他妈总说是时候还早。

他妈正拿起一把锅铲在粥里搅和。锅里的粥也像是益发浓稠了。

"妈，妈，要到什么时候才……"

"要到夜里！"其实他妈所说的夜里，并不是上灯以后。但八儿听了这种松劲的话，眼睛可急红了。锅子中，有声无力的叹气正还在继续。

"那我饿了！"八儿要哭的样子。

"饿了，也得到太阳落下时才准吃。"

饿了，也得到太阳落下时才准吃。你们想，妈的命令，看羊还不够资格的八儿，难道还能设什么法来反抗吗？并且八儿所说的饿，也不可靠，不过因为一进灶房，就听到那锅子中叹气又像是正在呻唤的东西，因好奇而急于想尝尝这奇怪东西罢了。

"妈，妈，等一下我要吃三碗！我们只准大哥吃一碗。大哥同爹都吃不得甜的，我们俩光吃甜的也行……妈，妈，你吃三碗我也吃三碗，大哥同爹只准各吃一碗；一共八碗，是吗？"

"是呀! 挲挲说得对。"

"要不然我吃三碗半,你就吃两碗半……""卜……"锅内又叹了声气。八儿回过头来了。

比灶矮了许多的八儿,回过头来的结果,亦不过看到一股淡淡烟气往上一冲而已!

锅中的一切,这在八儿,只能猜想……栗子会已稀烂到认不清楚了罢,赤饭豆会煮得浑身透肿成了患水臌胀病那样子了罢,花生仁儿吃来总已是面东东的了! 枣子必大了三四倍——要是真的干红枣也有那么大,那就妙极了! 糖若作多了,它会起锅巴……"妈,妈,你抱我起来看看罢!"于是妈就如八儿所求的把他抱了起来。

"恶……"他惊异得喊起来了,锅中的一切已进了他的眼中。

这不能不说是奇怪呀,栗子跌进锅里,不久就得粉碎,那是他知道的。他曾见过跌进到黄焖鸡锅子里的一群栗子，不久就融掉了。赤饭豆害水臌肿，那也是往常熬粥时常见的事。

花生仁儿脱了他的红外套，这是不消说的事。锅巴，正是围了锅边成一圈。总之，一切都成了如他所猜的样子了，但他却不想到今日粥的颜色是深褐。

"怎么，黑的！"八儿还同时想起染缸里的脏水。

"枣子同赤豆搁多了。"妈的解释的结果，是捡了一枚特别大得吓人的赤枣给了八儿。

虽说是枣子同饭豆搁得多了一点，但大家都承认味道是比普通的粥要好吃得多了。

夜饭桌边，靠到他妈斜立着的八儿，肚子已成了一面小鼓了。如在热天，总免不了又要为他妈的手掌麻烦一番罢。在他身边桌上那两只筷子，很浪漫地摆成一个十字。桌上那大青花碗中的半碗陈腊肉，八儿的爹同妈也都奈何它不来了。

"妈，妈，你喊哈叭出去了罢！讨厌死了，尽到别人脚下钻！"

若不是八儿脚下弃的腊肉皮骨格外多，哈叭也不会单同他来那么亲热罢。

这段节选的文字中写出了八儿家熬腊八粥的情景，沈从文以他清冽婉转得如沱江水一样的叙事口吻给我们展现了20世纪20年代北方人过腊八的风俗。"把小米，饭豆，枣，栗，白糖，花生仁儿合并拢来糊糊涂涂煮成一锅"，这不就是我们前面介绍的北方的腊八粥吗，让大人、小孩都垂涎欲滴的腊八粥，和今天比，今天的物质条件更丰富，而那时的腊八氛围却显得更浓一些，更温馨，让人期待。"夜饭桌边，靠到他妈斜立着的八儿，肚子已成了一面小鼓了"。"桌上那大青花碗中的半碗陈腊肉"，可见，这八儿家若不是大富大贵，也自是衣食无忧的小康之家，这比起佛家施舍的"福寿粥"

来，少的是心酸，多的是幸福。

冰心的《腊八粥》写于1979年。

从我能记事的日子起，我就记得每年农历十二月初八，母亲给我们煮腊八粥。

这腊八粥是用糯米、红糖和十八种干果掺在一起煮成的。干果里大的有红枣、桂圆、核桃、白果、杏仁、栗子、花生、葡萄干等等，小的有各种豆子和芝麻之类，吃起来十分香甜可口。母亲每年都是煮一大锅，不但合家大小都吃到了，有多的还分送给邻居和亲友。

母亲说："这腊八粥本来是佛教寺煮来供佛的——十八种干果象征着十八罗汉，后来这风俗便在民间通行，因为借此机会，清理橱柜，把这些剩余杂果，煮给孩子吃，也是节约的好办法。"最后，她叹一口气说："我的母亲是腊八这一天逝世的，那时我只有十四岁。我伏在她身上痛哭之后，赶忙到厨房去给父亲和哥哥做早饭，还看见灶上摆着一小锅她昨天煮好的

腊八粥，现在我每年还煮这腊八粥，不是
为了供佛，而是为了纪念我的母亲。"

　　我的母亲是1930年1月7日逝世的，正
巧那天也是农历腊八！那时我已有了自己
的家，为了纪念我的母亲，我也每年在这
一天煮腊八粥。虽然我凑不上十八种干
果，但是孩子们也还是爱吃的。抗战后
南北迁徙，有时还在国外，尤其是最近的
十年，我们几乎连个"家"都没有，也就把
"腊八"这个日子淡忘了。

今年"腊八"这一天早晨，我偶然看见我的第三代几个孩子，围在桌旁边，在洗红枣，剥花生，看见我来了，都抬起头来说："姥姥，以后我们每年还煮腊八粥吃吧！妈妈说这腊八粥可好吃啦。您从前是每年都煮的。"我笑了，心想这些孩子们真馋。我说："那是你妈妈们小时候的事情了。在抗战的时候，难得吃到一点甜食，吃腊八粥就成了大典。现在为什么还找这个麻烦？"他们彼此对看了一下，低下头去，一个孩子轻轻地说："妈妈和姨妈说，您母亲为了纪念她的母亲，就每年煮腊八粥，您为了纪念您的母亲，也每年煮腊八粥。现在我们为了纪念我们敬爱的周总理，周爷爷，我们也要每年煮腊八粥！这些红枣、花生、栗子和我们能凑来的各种豆子，不是代表十八罗汉，而是象征着我们这一代准备走上各条战线的中国少年，大家紧紧地、融洽地、甜甜蜜蜜地团结在一起……"他一面从口袋里掏出一小张叠

得很平整的小日历纸，在1976年1月8日的下面，印着"农历乙卯年十二月八日"字样。他把这张小纸送到我眼前说："您看，这是妈妈保留下来的。周爷爷的忌辰，就是腊八！"我没有说什么，只泫然地低下头去，和他们一同剥起花生来。

冰心以她女性的细腻和特有的爱之心给我们留下了深情的腊八记忆，它给我们带来的感动有二：一是亲情的感恩，一代一代传承下来的腊八粥，已不是简单的节日风俗，而更多了追忆母爱的深挚；二是时代的进步发展让人觉得今日幸福的珍贵，"抗战后南北迁徙，有时还在国外，尤其是最近的十年，我们几乎连个'家'都没有，也就把'腊八'这个日子淡忘了"。有了曾经的流离失所，更显得和平时代的安宁祥和。文学是时代的文学，作者在1979年的文字中写到周总理，这是耐人寻味的，作为文章的落脚点，我们要理解的不是冰心的时新，而是她一如既往的文字里所包涵的真与善，勇敢和坚持，于此看，这结尾是意味深长的。

老舍是满族人，他的《北京的春节》京味十足，其中也有一段写及腊八的文字：

按照北京的老规矩，过农历的新年(春节)，差不多在腊月的初旬就开头了。"腊七腊八，冻死寒鸦。"这是一年里最冷的时候。可是，到了严冬，不久便是春天，所以人们并不因为寒冷而减少过年与迎春的热情。在腊八那天，人家里，寺观里，都熬腊八粥。这种特制的粥是祭祖祭神的。可是细一想，它倒是农业社会的一种自傲的表现——这种粥是用所有的各种的米，各种的豆，与各种的干果(杏仁、核桃仁、瓜子、荔枝肉、莲子、花生米、葡萄干、菱角米……)熬成的。这不是粥，而是小型的农业展览会。

腊八这天还要泡腊八蒜。把蒜瓣在这天放到高醋里，封起来，为过年吃饺子

用的。到年底，蒜泡得色如翡翠，而醋也有了些辣味，色味双美，使人要多吃几个饺子。在北京，过年时，家家吃饺子。

从腊八起，铺户中就加紧地上年货，街上加多了货摊子——卖春联的、卖年画的、卖蜜供的、卖水仙花的等等都是只在这一季节才会出现的。这些赶年的摊子都教儿童们的心跳得特别快一些。在胡同里，吆喝的声音也比平时更多更复杂起来，其中也有仅在腊月才出现的，像卖历书的、松枝的、薏仁米的、年糕的等等。

在有皇帝的时候，学童们到腊月十九日就不上学了，放年假一月。儿童们准备过年，差不多第一件事是买杂拌儿。这是用各种干果（花生、胶枣、榛子、栗子等）与蜜饯掺和成的，普通的带皮，高级的没有皮——例如：普通的用带皮的榛子，高级的用榛瓤儿。儿童们喜吃这些零七八碎儿，即使没有饺子吃，也必须买杂拌儿。他们的第二件大事是买爆竹，特别是男孩子们。恐怕第三件事才是买玩意儿——风筝、空竹、口琴等——和年画儿。

儿童们忙乱，大人们也紧张。他们须预备过年吃的用的喝的一切。他们也必须给儿童赶做新鞋新衣，好在新年时显出万象更新的气象。

老舍是京派作家的代表，而他又是满族。一个很有趣的事儿是，常常满族人比汉族人更注重传统文化，这就是有些

人说的，满族人比汉族人还汉族人，这跟清王朝三百年的文化统治和满族的文化心理有关，所以你看，老舍先生笔下的节令风俗，细致全面，生动新鲜，可谓原汁原味，是一篇很好的腊八文化教材。现在朋友们有机会到北京，可以去首都博物馆的老北京民俗展厅看看，那里的腊八文化一定会让你眼界大开。

中国传统节日文化源远流长，绵延数千年而不衰，近来虽受到外来文化的

冲击而不断弱化，但其内在的文化意蕴
和民族精神一直发挥着广泛而持久的影
响，以腊八为代表的传统节日是我们优秀
民族文化的重要载体和集中展示方式，
是根植于民间的文化瑰宝。保护好它们，
能够增强民族向心力和凝聚力，能够促
进人与自然的和谐，从而产生构建和谐社
会的巨大文化能量。